AF338729

Attribué à Eugène Briffe

LE
DERNIER MOT
SUR
BAZAINE

———

LE
DERNIER MOT
SUR
BAZAINE

RÉORGANISATION
DE
L'INFANTERIE FRANÇAISE

SOMMAIRE. — Le dernier mot sur Bazaine. — Coup d'œil général sur la situation actuelle de l'armée. — Constitution des régiments de ligne, dont le nombre devra être porté à cent cinquante. — Création d'un commandant en second par bataillon d'infanterie. — Suppression des bataillons de chasseurs à pied, des musiques, sapeurs, tambours-majors, caporaux-tambours. — Les tambours remplacés par des clairons. — Création d'une école de clairons par régiment d'infanterie. — Nécessité absolue d'une réforme dans la tactique française. — Les colonnes de compagnie de l'armée prussienne. — Le camp de Châlons sous l'Empire. — Espionnage. — Partisans et francs-tireurs. — Jugement porté sur l'intendance militaire. — Discipline de l'armée. — Moyens de répression. — Conclusion.

PAR EUGÈNE R...,

CAPITAINE D'INFANTERIE

Auteur de la brochure : *Trahison du maréchal Bazaine*

ÉDITION POPULAIRE
Prix : **UN** franc

LYON

LIBRAIRIE MILITAIRE DE BONNAIRE
ÉDITEUR

23, rue Gasparin, angle de la rue Simon-Maupin, près la place Bellecour

---

1871

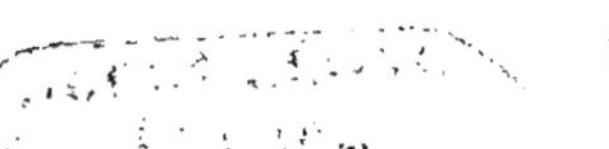

LE DERNIER MOT

SUR

BAZAINE

RÉORGANISATION DE L'INFANTERIE FRANÇAISE

. . . . . Bon appétit ! Messieurs ! . . .
Conseillers vertueux ! Voilà votre façon
De servir, serviteurs qui pillez la maison !
Donc, vous n'avez pas honte, et vous choisissez l'heure,
L'heure sombre où l'Espagne agonisante pleure !
Donc, vous n'avez ici pas d'autres intérêts
Que d'emplir votre poche et vous enfuir après !
Soyez flétris, devant votre pays qui tombe,
Fossoyeurs qui venez le voler dans sa tombe !
Mais voyez, regardez, ayez quelque pudeur,
L'Espagne et sa vertu, l'Espagne et sa grandeur.
Tout s'en va . . . .
. . . .

(Ruy Blas, acte III, scène 2). — VICTOR HUGO.

. . . . !
Ah ! toute nation bénit qui la délie,
Sauvons ce peuple ! Osous être grands, et frappons
Otons l'ombre à l'intrigue et le masque aux fripons !
. . . .

(Ruy Blas, acte III, scène 5). — VICTOR HUGO.

PRÉFACE

En écrivant ces lignes, nous accomplissons un double devoir.

Arrivé à la fin d'une carrière, brisée par l'Empire, sans aucune ambition, nous croyons faire acte de bon citoyen en livrant pour la deuxième et dernière fois le résultat de nos pensées au public.

N'ayant rien à demander à personne, nous pouvons appeler les choses par leur nom et attaquer ouvertement certains hommes qui se mettent un masque républicain sur le visage.

Braver l'autorité qui se rend coupable est justice ; la punir est un devoir, évidemment ; nous parlons ici de cette autorité corrompue du régime impérial, flétrie si justement par la nation entière ; que les fonctionnaires de cet abject gouvernement, que ceux qui ont trempé dans les crimes du 2 décembre, que ceux, enfin, qui auraient l'intention de les imiter, méditent profondément ces vers immortels, reproduits plus haut.

Nous dédions ces pages au peuple, et, par peuple, nous entendons parler des bourgeois honnêtes, aimant la patrie, des ouvriers intelligents, rangés, intrépides, dont les pères, le 14 juillet 1789, donnaient un démenti formel à la monarchie en prenant la Bastille, dont la foi républicaine, un moment endormie, se réveillait en 1830 à la lecture des odieuses ordonnances, signées Charles X, et dont l'énergie brisa pour toujours, en 1848, les velléités despotiques du vieux roi Louis-Philippe.

Cette race courageuse possède actuellement le sentiment de sa juste valeur ; nos braves ouvriers sont bien dignes de ceux qui, au prix de leur sang, leur ont ouvert les barrières de la liberté ; ils comprennent maintenant que l'instruction c'est l'émancipation ; plus les hommes seront éclairés, plus ils seront libres, a dit Voltaire ; cette grande vérité, sortie de la bouche de notre immortel philosophe, n'est plus méconnue. Peuple ! envoie donc tes enfants à l'école, moralise-les par l'exemple et la pratique des vertus républicaines, épargne sur ton salaire pour la vieillesse, ne fais plus ce qu'on appelle le *lundi*, brise avec cette déplorable habitude, et si, un jour, des audacieux osaient porter une main sacrilége sur la République, quitte le travail, embrasse ta famille, prends ton fusil de garde national et descends dans la rue, tu y trouveras l'armée, et cette armée si franche et si loyale te tendra les bras.

Nous dédions également ce travail aux soldats soumis, rangés, respectueux envers leurs chefs, à ceux qui, esclaves de leurs devoirs, ne lèvent pas la crosse en l'air devant les agents de la Commune, et ne pactisent pas avec l'émeute lorsqu'elle a pour but l'incendie, le vol, l'assassinat et le pillage, aux soldats disciplinés; mais qui, cependant, n'oublient pas que si la carrière des armes est sacrée quand elle appelle l'homme à délivrer le pays de la présence de l'étranger, c'est un métier lâche et flétrissant quand il sert à l'opprimer.

Aux journalistes consciencieux qui défendent la liberté et retrempent leur courage dans le souffle vigoureux de la philosophie.

Aux hommes politiques n'ayant qu'un serment sur la conscience.

Aux paysans, à Jacques Bonhomme, qui, trompés indignement au plébiscite du 9 mai 1870, ont répondu, cette fois, d'une façon si intelligente aux monarchistes, par le vote du 2 juillet; à ceux qui nourrissent la France, cette grande et sublime blessée, que tant de désastres ont frappée au cœur, qui a répandu sur tous les chemins son sang le plus pur, mais qui, malgré ses plaies et son épuisement, marche toujours en avant vers la terre promise, poussée par le génie de la Liberté.

Au clergé libéral, aux prêtres intelligents qui, comme nous, s'inclinent devant le Christ, ce divin républicain, né dans une étable, prêchant aux peuples la liberté, l'égalité, la fraternité et prescrivant à ses apôtres, à ceux qui, plus tard, doivent le représenter sur la terre : l'oubli des injures et le mépris des richesses.

Aux républicains de toutes les nuances, à qui nous recommandons l'union, la fermeté; devant des attaques profondément injustes, répondons par le silence et le mépris, le drapeau tricolore est celui de la Révolution, ce drapeau a brillé à

Valmy, Jemmapes, Fleurus, nos ennemis pourront le déchirer par leurs calomnies, mais le mot Liberté sera toujours écrit sur ses lambeaux.

Quant au parti bonapartiste, Dieu merci, nous ne le craignons plus, car ce n'est pas le parti des honnêtes gens ; le deux décembre, d'horrible mémoire, a été le premier mot de l'Empire et le véritable organisateur de la Commune : Sedan, Metz et Paris, cette étrange trinité, en ont été les conséquences naturelles ; aussi, nos défaites étaient-elles prévues dès le commencement de la guerre par des officiers courageux, ne voulant pas se courber sous les hontes impériales, et dans le gouffre profond que l'écroulement de ce gouvernement sans moralité ouvrait dans sa chute, on pouvait voir s'agiter, immense cour des miracles, deux cent mille bandits ou truands, lie de toutes les nations, venus de tous les coins de l'Europe, pour voler, piller, étouffer la liberté, arrêter le progrès dans sa marche, et, par une discipline infernale, enrayer pour un instant la civilisation ; ainsi donc, la Commune, cette orgie sanglante est bien le dernier crime de l'Empire ; elle s'est noyée dans le sang de ses victimes ; elle s'est éteinte dans l'incendie ; la République, affermie, mettra dorénavant pour toujours la France à l'abri de pareilles horreurs.

L'auteur de tous nos maux, ce Néron parasite, entouré de ses affranchis, essaiera, sans doute, comme en 1835 et 1840, une restauration désormais impossible ; qu'il n'oublie pas qu'un fleuve de sang coule entre lui et le pays ; ses aigles flétries, qui, jadis, conduisaient nos soldats trompés au feu des barricades du 2 décembre, au massacre des citoyens, étaient bien dignes de s'abaisser devant les Prussiens, étonnés d'une aussi facile victoire ; hélas ! vingt ans d'Empire, c'est-à-dire vingt ans de corruption n'avaient-ils pas porté un coup funeste à la virilité de la France ? Les généraux bonapartistes (1), repus de jouissances, énervés par le luxe et la débauche, se présentent à l'ennemi, gonflés d'orgueil, sans talent, sans génie, leur outrecuidance est à la hauteur de leur ignorance ; aussi, qu'arrive-t-il ? Les uns se laissent bloquer dans les camps retranchés, surprendre généralement, d'autres se font battre ; presque tous, ô honte ineffaçable ! mettent bas les armes devant les barbares, sans essayer de se dégager par un suprême effort, car leur idole a lâchement rendu son épée au roi de Prusse.

Jetons un voile épais sur ce passé honteux ; que les traîtres qui ont poussé le pays dans cette guerre désastreuse soient cloués au pilori de l'histoire, que leurs noms ne soient prononcés qu'avec horreur ; Dieu juste ! ce long et grotesque carnaval de l'Empire s'est abîmé dans le sang, oublions-le, nous ne le reverrons plus ; mais si, par impossible, un deuxième retour de l'île d'Elbe était tenté, si des insensés, par un attentat criminel, essayaient de détruire ou de changer la forme actuelle du gouvernement, n'est-ce pas, peuple, que cette fois, tu serais sans pitié ? Nos dignes régiments ne répondraient pas à de lâches avances et seraient les premiers à briser énergiquement toute tentative de ce genre.

La France a besoin de repos ; ses plaies saignent encore ; une paix momentanée lui permettra de réorganiser son armée sur un pied formidable et économique en même temps ; une impulsion vigoureuse est nécessaire, instruction du peuple, instruction des officiers et des soldats, travaux des champs, travaux d'art, commerce, tout doit prendre un essor inconnu jusqu'ici ; ne détournons pas les yeux de l'Espérance, cette Vierge divine qui, au milieu de nos malheurs, au milieu de nos tempêtes, nous montre le salut.

La République seule nous permettra de réaliser ce pro-

---

(1) Plusieurs ont glorieusement fait leur devoir, aussi ne les rangeons-nous pas dans cette triste catégorie.

gramme; ces paroles loyales, sorties de la bouche du Chef du pouvoir exécutif, en sont un sûr garant :

« Je déclare que la République est la véritable forme à donner « au gouvernement de la France; ce n'est pas sans de longues « réflexions que je suis arrivé à cette conviction. Je suis un « honnête homme; à mon âge, on n'a plus qu'un intérêt : laisser « de soi un bon souvenir.

« Je ne tromperai donc personne; je ne trahirai jamais la « République. Tant que je serai à la tête du gouvernement, la « République ne sera pas en péril.

« Une certaine partie de la droite se montre hostile à ma « personne...... Je sais bien pourquoi ces messieurs m'attaquent, « c'est parce que je ne fais pas pour eux et pour leurs amis ce « qu'ils demandent; j'en suis fâché...... J'espère rétablir, enfin, « l'ordre qui nous est si essentiel avec la République, qui ne l'est « pas moins. »

Ce langage simple et énergique se passe de tout commentaire ; c'est une véritable affirmation du principe républicain.

La guerre qui vient de se terminer nous a fait connaître entièrement nos lâches ennemis; depuis le commencement des hostilités jusqu'à la paix, le Prussien s'est toujours montré le même, c'est-à-dire pillard, avide, incendiaire, assassin et voleur; cette race épouvantable tient évidemment de la bête fauve; on ne lira pas, sans frémir, un fait pris au hasard dans les horreurs sans nombre commises par ces bandits.

On écrit de Besançon :

« Les Prussiens se couvrent d'infamie dans la Haute-Saône : à « Antoreille ils ont brûlé vif le sieur Monnier, capitaine de la « garde nationale, âgé de 64 ans, coupable d'avoir reçu un « franc-tireur ; ils l'ont poussé dans sa maison en feu à coups « de baïonnette.

« Ils ont voulu également jeter au feu une femme et des « enfants qui intercédaient en sa faveur: ils n'y ont renoncé « qu'à la troisième tentative.

« Ils ont pendu, aujourd'hui, le sieur Mathey, incorporé dans
« les chasseurs à pied franc-comtois, belligérant, fait prison-
« nier. »

Voici maintenant comment les Français se vengent : Le 28
novembre, la bataille de Beaune-la-Rolande était engagée, la
lutte était ardente, acharnée ; les Prussiens occupaient
Beaune-la-Rolande ; le 77e de ligne pénétra au cœur de la
petite ville et obligea l'ennemi à fuir de maison en maison ;
mais par mesure de précaution, selon leurs habitudes, les
Prussiens, avant de quitter chaque maison, y mettaient le feu,
ensevelissant ainsi d'une façon cruelle leurs morts et leurs
mourants sous les décombres et les débris embrasés. Nos
soldats, toujours généreux, aidèrent les malheureux habitants
à éteindre l'incendie et à sauver de l'asphyxie, ou même d'une
mort plus affreuse encore, les Prussiens enfermés dans les
maisons en flamme.

Est-il possible de classer ces assassins parmi les peuples
civilisés ? le pillage organisé méthodiquement, le vol réglé
hiérarchiquement par l'Empereur, et les assassinats commis
par ses soldats, ont flétri d'une tache indélébile les drapeaux
allemands; si, toutefois, on peut appeler drapeaux les loques
souillées de crimes et de ces infâmes routiers.

Il faut absolument que la haine du peuple allemand entre
dans nos mœurs, dans l'éducation du peuple, dans l'instruction
de l'armée.

Il faut que nos enfants apprennent à maudire nos lâches
envahisseurs, à détester ceux qui arrachaient à nos populations leur dernier morceau de pain et expédiaient sur leur
capitale, sur leur repaire, les mobiliers de nos familles ruinées ;
oh ! les honteux voleurs ! !......

Toute réconciliation est impossible : l'heure de la vengeance
approche ; elle sonnera bientôt ; nous l'aurons terrible : ouvriers, paysans, soldats, bourgeois, un seul cri doit sortir de

nos poitrines : Guerre sans merci!! guerre à mort à l'Allemagne ! !

Mais grossiers Allemands, peuple de brutes, ne voyez-vous donc pas remuer dans l'ombre de l'avenir quelque chose de grand, d'immense, de sombre, d'inconnu, d'implacable ?

Ce quelque chose de grand, qui, par moment, jette des lueurs et gronde sourdement, c'est cent mille chevaux traînant deux mille tonnerres, c'est deux millions d'hommes dont les bras sont armés par la vengeance, c'est la civilisation qui marche et vous emportera comme une paille au milieu d'un tourbillon ; ce quelque chose de grand, enfin, c'est le peuple français amoureux de sa Liberté, qui brisera, sur vos cadavres, la féodalité, la servitude, et dispersera de par le monde les débris de votre despotisme au cri de : *Vive la République !*

Un souvenir maintenant, une parole d'espoir à nos frères d'Alsace et de Lorraine : qu'ils se tiennent toujours prêts au soulèvement, car la France ne les oublie pas, une mère se souvient toujours de ses enfants ; lorsque nos armées prendront l'offensive dans une guerre juste et sacrée, nous retrouverons, à l'avant-garde, cette fière légion Alsace et Lorraine, qui, hélas ! n'a pas eu le temps de faire payer cher à l'ennemi les larmes de la Patrie.

Citons, pour clore cette trop longue préface, les paroles éloquentes, prononcées dernièrement, par un prêtre français (1) dans la cathédrale de Metz :

« Les peuples aussi ressuscitent quand ils ont été baignés dans
« la grâce du Christ, et quand, malgré leurs vices et leurs
« crimes, ils n'ont point abjuré la foi ; l'épée d'un barbare et la
« plume d'un ambitieux ne peuvent les assassiner pour toujours.
« On change leur nom, mais non pas leur sang. Quand l'expiation
« touche à son terme, ce sang se réveille et revient par la pente
« naturelle se mêler au courant de la vieille vie nationale.

(1) Le Père Monsabré.

« Vous n'êtes pas morts pour moi, mes frères, mes compatriotes.
« ...... Non, vous n'êtes pas morts!! Partout où j'irai, je vous le
« jure, je parlerai de vos patriotiques douleurs, de vos patrioti-
« ques aspirations, et de vos patriotiques colères; partout, je vous
« appellerai des Français jusqu'au jour béni, où je reviendrai
« dans cette cathédrale prêcher le sermon de la délivrance et
« chanter avec vous un *Te Deum* comme ces voûtes n'en ont
« jamais entendu. »

Nous ajoutons que l'auditoire, à ces paroles sublimes,
éprouva ce qu'on peut appeler le respect de la France ; un
frisson électrique parcourut toutes les poitrines, et, malgré la
sainteté du lieu, des applaudissements éclatèrent ; une foule
émue et frémissante accompagna ce prêtre intrépide jusqu'à
l'évêché.

LE DERNIER MOT

SUR BAZAINE

Au mois de décembre dernier, dans une brochure qui parut à Lyon, nous avons traité la conduite du maréchal Bazaine avec toute l'indignation qu'elle mérite ; certes, nous ne reviendrons plus sur un pareil sujet, si en pleine chambre, devant l'élite de nos populations, un vieillard de 76 ans n'avait essayé, mais en vain, de réhabiliter cet homme.

Le général Changarnier, que la retraite de Constantine a rendu célèbre, vient de montrer un singulier courage et a eu grandement tort en montant à une tribune française pour y balbutier une excuse pitoyable, en faveur d'un maréchal qui, de concert avec Napoléon III, a perdu la France et a imprimé à notre histoire une tache ineffaçable.

Que personne ne l'oublie, tous les malheurs qui ont pesé sur la patrie depuis l'infâme capitulation de Sedan puisent leur source dans la trahison de Bazaine et la chute d'une ville reconnue comme l'une des places les plus fortes d'Europe.

En lisant attentivement le singulier discours du général Changarnier, où l'incohérence de langage se mêle à des contradictions flagrantes, nous nous demandons réellement quel était le sentiment qui animait, en ce moment, le cœur d'un homme qui, en somme, aime son pays, et que le 2 décembre a exilé en raison de ses opinions libérales et énergiques.

Nous cherchons une excuse à cet étrange plaidoyer ; nous

n'en trouvons pas ; M. Changarnier, comme beaucoup de généraux de l'armée du Rhin, a signé la capitulation ; c'est, probablement, pour cette raison, essentiellement militaire, qu'il s'est cru obligé de défendre un général en chef accusé par les officiers de son armée et par tout ce qui possède un cœur vraiment français ; du reste, les paroles de M. Changarnier ressemblent plutôt à un acte d'accusation qu'à une défense ; il faut bien l'avouer, cet honorable vieillard a reproduit, probablement sans s'en douter, cette fable si ingénieuse de La Fontaine : *L'enfant, l'ours et le pavé.*

Nous en appelons aux hommes de bon sens et nous citons les propres paroles du général :

« Le 19 août, l'armée française, ramenée à Metz, s'y était éta-
« blie à cheval sur l'armée ennemie. A cette date, nous aurions
« pu sans doute faire rentrer du bétail, du fourrage, entasser des
« vivres pour de longs mois, entourés que nous étions des plus
« riches contrées du pays; malheureusement, le Général en chef
« n'eut pas cette prévoyance..................

« Le 6 octobre, le Général en chef tint un Conseil de guerre.
« On peut dire à cela qu'un Général en chef qui a une idée ferme
« et l'énergie de l'exécution ne consulte pas ses aides-de-camp.
« Le maréchal Bazaine se rangea à l'opinion de la majorité du
« Conseil : ce fut là un immense malheur............................

« Nous aurions pu, je crois, faire une trouée et marcher en
« avant..................

« Pour moi, j'ai pensé que nous devions chercher à gagner les
« Vosges et la vallée de la Haute-Seine; la traversée n'était pas
« impossible, et je persiste encore à croire que nous aurions pu
« réussir; oui, même après Sedan, nous eussions pu tenter un
« grand coup par une sortie vigoureuse..................

« La noble armée de Metz a déposé les armes, mais elle n'a pas
« été vaincue. De grandes fautes ont été commises; il y a eu de
« l'imprévoyance, je ne le cache pas; oui, le maréchal Bazaine a
« eu l'insigne malheur de ne pas assister à la bataille de Borny;
« oui, le maréchal Bazaine a commis de grandes fautes...........

Le général Changarnier avoue donc :

1° Que le maréchal Bazaine a manqué de prévoyance ;

2° Qu'il ne possédait ni une idée ferme, ni l'énergie d'exécution nécessaire en pareille circonstance ;

3° Que la trouée était possible ;

4° Que le maréchal Bazaine a commis de grandes fautes et qu'il a eu l'insigne malheur de ne pas assister à la bataille de Borny.

Nous devons avouer que l'insigne malheur nous plaît. Et c'est après une semblable défense que M. Changarnier, en cachant les menées politiques et le complot bonapartiste, ourdis par le maréchal Bazaine, demande une absolution et persiste à voir dans cet homme un général glorieux (mot deux fois répétés).

La persistance de M. Changarnier est étrange : vous devez, dit-il à l'Assemblée, refuser votre estime à ceux qui propagent des calomnies contre le général en chef de l'armée du Rhin.

Mais, jour de Dieu, nous commençons à ne plus rien comprendre à ce langage ; à ce compte, l'Assemblée doit refuser son estime au général de Ligny, qui a flétri la capitulation, au général Bisson, dont le grand cœur s'est révolté à la vue de tant de honte, aux officiers de l'armée qui ont signé une pétition, présentée par le général Rampon ; enfin, l'Assemblée doit refuser son estime aux trente-six millions de Français qui accablent Bazaine de leurs malédictions, et, au dire de M. Changarnier, déclarer que ce général victorieux a bien mérité de la patrie.

Le général Rampon, malgré la défense de M. Changarnier, a persisté à demander l'ordre du jour, et le Ministre de la guerre a promis un Conseil de guerre ; l'Assemblée a eu le bon esprit de voter l'ordre du jour.

Le général Changarnier s'est bien gardé, malgré les charges que sa singulière défense fait peser sur le maréchal

Bazaine, de dire un mot de ses plans politiques et de ses projets de restauration impériale, qui, à notre avis constituent sa véritable trahison (1); ce silence nous paraît étrange, et doit évidemment renfermer un mystère, que l'avenir nous fera connaître. Nous en appelons aux hommes de bon sens, aux hommes de cœur, aux officiers de l'armée. Comment! ce maréchal, sans énergie et sans talent, qui, le jour où son armée livre une bataille, quitte son poste d'honneur et ne paraît pas ; comment! devant l'invasion, devant la patrie en armes, devant le gouvernement de la défense nationale reconnu et obéi par tous, devant son armée à l'agonie, ce général en chef envoie son aide de camp à l'Impératrice et ourdit un complot pour rétablir un gouvernement corrupteur, cause de tous nos malheurs, et cet homme serait reconnu innocent; ah! monsieur Changarnier, nous avouons hautement que vous faites un singulier cas de l'opinion publique.

Du reste, nous allons mettre sous les yeux de nos lecteurs des protestations et des pièces authentiques devant lesquelles pâliront toutes les défenses possibles en faveur de Bazaine.

1° Lettre du colonel Cosseron de Villenoisy, ex-sous-chef d'état-major de l'armée du Nord, adressée au Président de l'Assemblée nationale.

« Monsieur le Président,

« Au moment où une trêve se conclut entre nous et l'ennemi,
« qui a envahi le territoire, au moment où, après un cruel exil,
« nos malheureux prisonniers vont revoir leurs foyers, la plu-
« part, hélas! dévastés, et nous apporter un complément d'infor-
« mations, il importe d'examiner sans passion, mais aussi sans
« faiblesse, les fautes qui ont amené nos désastres, afin d'en pré-
« venir le retour.

(1) Voir la brochure ayant pour titre : *Trahison du Maréchal Bazaine*, par Eugène R., lieutenant d'infanterie. — (Lyon, chez Lapierre-Brille, éditeur, 6, rue de la Barre).

« Déjà deux décisions ministérielles ont prescrit d'ouvrir des
« enquêtes sur la conduite des commandants de Péronne et de
« Longwy. Sans préjuger quel en sera le résultat, il est permis
« de dire que cette mesure serait une injustice si elle devait rester
« à l'état d'exception, surtout si on exonérait de toute responsa-
« bilité les commandants des armées de Metz et de Sedan, dont
« les capitulations sont des actes sans précédents dans l'histoire.

« J'ignore ce qui s'est passé à Sedan ; mais, je me trouvais à
« Metz et je crois que la ruine d'une armée aussi valeureuse que
« dévouée est le résultat de la trahison, ou de coupables défail-
« lances.

« Les témoignages ne manqueront pas à cet égard et une pro-
« testation contre les clauses funestes de la capitulation a été dé-
« posée, dans les derniers jours d'octobre, entre les mains de M. Paul
« Odent, préfet de la Moselle, qui s'est chargé de la faire parvenir
« au ministre de la guerre. Une copie avait été remise au gou-
« verneur de Metz. Lorsque nous l'avons signée, nous ne connais-
« sions pas encore toutes les conséquences de l'acte criminel qui
« allait s'accomplir. Nous savions bien qu'il aurait été possible
« au maréchal Bazaine de détruire en détail l'armée du prince
« Frédéric-Charles, mais nous ignorions que le concours de ses
« troupes était nécessaire pour arrêter les progrès de l'armée
« de la Loire, prête à marcher au secours de Paris.

« La situation périlleuse où étaient alors les envahisseurs doit-
« elle expliquer la hâte que l'on avait de voir l'armée et les habi-
« tants de Metz se résigner à leur funeste sort ? C'est ce qu'il
« importe d'éclaircir. Dans tous les cas, la perte d'une place de
« premier ordre et d'une armée de 180,000 hommes est un fait
« assez important pour justifier la résolution que je supplie la
« Chambre d'adopter.

« Il sera fait une enquête sur les causes de la capitulation de
« Metz et sur la conduite des généraux qui y ont pris part.

« J'ai l'honneur, etc.

« Signé : COSSERON DE VILLENOISY,

« *Colonel du génie, ex-sous-chef d'état-major*
« *de l'armée du Nord.* »

Lyon, le 9 mars 1871.

2° Extrait d'une protestation collective des officiers du 57ᵉ régiment de ligne, ayant pour but de justifier le régiment, protestation reproduite par le *Progrès* de Lyon :

« Les officiers du 57ᵉ régiment de ligne certifient sur l'honneur
« que la capitulation de l'armée et de la ville de Metz s'est effec-
« tuée dans les conditions suivantes : « Depuis le 19 août, jour où
« l'investissement de la place a commencé, jusqu'au 19 septembre,
« l'armée est restée plongée dans une ignorance complète de la
« situation politique et militaire de la France. »

« Du 19 septembre au 19 octobre. — Rien.

« Le 19 octobre, lendemain de la rentrée du général Boyer,
« envoyé en mission, les officiers du régiment se sont réunis pour
« recevoir une communication de M. le maréchal commandant
« en chef aux généraux de division; la situation du pays, à ce
« jour leur est dépeinte de la manière suivante :

« Au point de vue politique : l'anarchie en France, le gouver-
« nement de la défense nationale renversé ou débordé, deux de
« ses membres (Gambetta et Keratry) ayant lâchement déserté
« leur poste en fuyant en ballon. (Nous citons textuellement).

« Le drapeau rouge flottant sur Lyon. Toutes les villes un peu
« importantes se gouvernant chacune à sa façon. — Lille, Mar-
« seille, Bordeaux et d'autres grands centres mettant leurs inté-
« rêts commerciaux au-dessus du patriotisme.

« Rouen et le Hâvre demandant des garnisons prussiennes (1).

« Au point de vue militaire : Strasbourg rendu. La capitulation
« de Sedan. Les efforts de la France sur lesquels nous comptions
« tant pour la sauver se réduisent à la levée, dans l'ouest, d'une
« armée de 40,000 hommes. Cette armée battue et impuissante.
« Metz ne possédant plus de vivres pour elle et pour l'armée que
« pour très-peu de jours.

« Dans cette communication, les officiers ont appris, en outre,
« que le roi de Prusse cherchait à traiter de la paix à des
« conditions satisfaisantes; que, ne trouvant aucun gouverne-
« ment régulier établi en France, il acceptait la conclusion d'un
« traité provisoire passé avec S. M. l'Impératrice régente; que

(1) Quel lâche mensonge, infamie !!

« M. le général Boyer était parti pour l'Angleterre afin d'obtenir
« l'acquiescement de l'Impératrice à cette proposition.

« Dans cette réunion, les officiers ont encore appris, avec in-
« jonction d'en faire part à la troupe, que, si les conditions faites
« à l'Impératrice étaient acceptées, l'armée sortirait de Metz
« avec les honneurs de la guerre; qu'il serait réservé à cette ar-
« mée l'avantage d'un beau rôle : celui de rétablir l'ordre dans
« le pays.......

« Le 27 octobre, les officiers du régiment, ignorant la rentrée
« de mission du général Boyer, sont de nouveau réunis : il leur
« est exposé que l'épuisement des vivres et l'impossibilité de
« résister plus longtemps rendent la capitulation inévitable, et
« que M. le maréchal commandant en chef assume sur lui seul
« la responsabilité du traité qu'il conclut avec l'ennemi.

« Le 28 octobre, à trois heures du soir, le régiment n'a pas
« encore reçu de M. le maréchal commandant en chef l'avis
« officiel de la capitulation.

« Les compagnies sont réunies à ce moment et rendent leurs
« armes.

« Suivent les signatures du colonel Verjus et de cinquante-
« sept officiers du 57ᵉ régiment de ligne. »

Eh bien! monsieur le général Changarnier, que dites-vous
de ce tissu d'infamies? Bazaine ment-il assez lâchement? Sa
trahison est évidente; et, pour combler la mesure, le misé-
rable ose insulter le caractère national, en essayant de faire
croire à l'armée que nos principales villes demandaient des
garnisons prussiennes.

Et vous, monsieur le maréchal Canrobert, qui trouvez que
des accusations monstrueuses s'élèvent contre votre digne
chef!! Venez donc le défendre! Vous voyez bien qu'il n'ose
se présenter « à la justice éclairée du pays, qui saura bien,
dans la majesté de son impartialité, rendre à chacun selon ses
œuvres. »

Nous citons le passage le plus émouvant de votre lettre,
datée de Stuttgard (19 février, adressée par vous au maréchal
Bazaine),

Oui, monsieur, le peuple français, dans la majesté de son impartialité, a porté un jugement terrible et juste sur l'ex-commandant de l'armée du Rhin; il se souvient même, ce peuple intelligent, que beaucoup de personnages, qui élèvent en ce moment la voix, ont trempé dans les crimes du 2 décembre . . . .

3° Enfin, un document plus sérieux encore, s'il est possible, est la circulaire ministérielle suivante, adressée par le ministre de l'intérieur à MM. les préfets et sous-préfets :

« Tours, 30 octobre, dix heures du matin.

« RÉPUBLIQUE FRANÇAISE.

« *Liberté, Égalité, Fraternité.*

« CIRCULAIRE.

« Le ministre de l'intérieur à MM. les préfets et sous-préfets.

« *Proclamation au peuple français.*

« Français! Elevez vos âmes et vos résolutions à la hauteur
« des effroyables périls qui fondent sur la patrie.

« Il dépend encore de vous de lasser la mauvaise fortune et
« de montrer à l'univers ce qu'est un grand peuple qui ne veut
« pas périr, et dont le courage s'exalte au sein même des catas-
« trophes.

« Metz a capitulé. Un général, sur qui la France comptait,
« même après le Mexique, vient d'enlever à la patrie en danger
« plus de cent mille de ses défenseurs.

« Le maréchal Bazaine a trahi ; il s'est fait l'agent de l'homme
« de Sedan, le complice de l'envahisseur, et, au mépris de l'hon-
« neur de l'armée, dont il avait la garde, il a livré, sans même
« essayer un suprême effort, cent vingt mille combattants, vingt
« mille blessés, ses fusils, ses canons, ses drapeaux et la plus
« forte citadelle de la France, Metz, vierge jusqu'alors de la
« souillure de l'étranger !!! Un tel crime est au-dessus des châti-
« ments de la justice; et maintenant, Français, mesurez la
« profondeur de l'abîme où vous a précipités l'empire.

« Vingt ans la France a subi ce pouvoir corrupteur, qui taris-
« sait en elle toutes les sources de la grandeur et de la vie.

« L'armée de la France, dépouillée de son caractère national,
« est engloutie, malgré l'héroïsme des soldats, par la trahison
« des chefs, dans les désastres de la patrie.

« En moins de deux mois, deux cent vingt-cinq mille hommes
« ont été livrés à l'ennemi, sinistre épilogue du coup de main
« militaire de décembre.

« Il est temps de vous ressaisir, citoyens; et, sous l'égide de
« la République, que nous sommes bien décidés à ne laisser ca-
« pituler, ni au dedans, ni au dehors, de puiser dans l'extré-
« mité même de nos malheurs le rajeunissement de notre mo-
« ralité et de notre virilité politique et sociale; oui, quelle que
« soit l'étendue du désastre, il ne nous trouvera ni consternés
« ni hésitants. Nous sommes prêts aux derniers sacrifices, et,
« en face d'ennemis que tout favorise, nous jurons de ne jamais
« nous rendre.

« Tant qu'il restera un pouce du sol sacré sous nos semelles,
« nous tiendrons ferme le glorieux drapeau de la révolution
« française: notre cause est celle de la justice et du droit, l'Eu-
« rope le voit, l'Europe le sent. Devant tant de malheurs immé-
« rités, spontanément, sans avoir reçu de nous ni invitation ni
« adhésion, elle s'est émue, elle s'agite.

« Pas d'illusion ! Ne nous laissons ni alanguir ni écœurer, et
« prouvons, par des actes, que nous voulons, que nous pouvons
« tenir de nous-mêmes l'honneur, l'indépendance, l'intégrité,
« tout ce qui fait la patrie libre et fière.

« Vive la France! Vive la République une et indivisible !

« *Les membres du gouvernement,*

« Crémieux, Glais-Bizoin, Gambetta. »

Le mépris universel a bien tué Bazaine; laissons donc cet
infâme croupir dans sa honte; qu'il fasse le mort, c'est le
seul rôle maintenant qu'il lui convienne de jouer; que le pain
de la trahison lui soit amer; ce nom odieux passera à la pos-
térité, car l'histoire impartiale dira toujours de lui: c'était un

traître. Défendre maintenant cet homme, c'est se rendre complice de son forfait.

Coup-d'œil général sur la situation politique et militaire de l'armée.

A la France nouvelle, il faut des hommes nouveaux ; mais ce qu'il lui faut, avant tout, c'est une armée nombreuse, jeune. solide, instruite, vigoureuse. commandée par des généraux de cinquante ans, ayant sous leurs ordres des officiers supérieurs de trente-cinq à quarante ans.

Cette armée est d'une absolue nécessité: d'abord , pour parer aux éventualités de la sitation actuelle, qui, certes, est loin d'être calme ; ensuite pour préparer, dans un avenir peu éloigné, la grande revanche qui doit nous rendre nos provinces et les milliards qui nous ont été volés.

L'armée actuelle, sous l'empire de nos désastres, traverse une époque pénible ; nos régiments de ligne, formés à la hâte par les troupes rentrées de captivité, et par les régiments de marche créés pour arrêter l'ennemi, après les capitulations des armées impériales, laissent beaucoup à désirer ; l'organisation est incomplète, l'esprit de corps n'existe pas parmi les officiers, dont le cadre est naturellement fort augmenté , les cœurs sont aigris, et, malheureusement, il faut bien le dire, l'esprit de nos soldats s'est accoutumé à la pensée de nos humiliantes capitulations, qu'il a dû confondre avec nos défaites les plus honorables.

Le souvenir de nos désastres ne doit pas s'éteindre ; officiers et soldats doivent comprendre que la France ne rentrera en possession complète de sa grandeur amoindrie, que lorsque l'armée nouvelle prendra l'offensive dans une guerre véritablement nationale.

Il importe donc que les rouages de notre ancienne armée soient changés, ou du moins considérablement modifiés ;

mais, pour arriver à d'heureux résultats, il faut que chacun, selon ses aptitudes, se mette à l'œuvre et travaille sérieusement.

Notre infanterie est à réorganiser complètement ; elle a besoin de se refaire, de se centraliser, d'acquérir cet aplomb et cette solidité, qui, maintenant, doivent lui faire défaut.

. L'artillerie est à créer ; les officiers de cette arme ont du talent ; certes, ils possèdent tout ce qu'il faut pour mener à bonne fin le travail que la France exige d'eux, et ce n'est pas leur faute si, dans la dernière guerre, ils ont été écrasés ; leur matériel était insuffisant, et l'artillerie prussienne, bien servie, du reste, était trois fois plus nombreuse que la nôtre.

Notre cavalerie doit être reformée sur de nouvelles bases : Tenue unique, même armement.

La grosse cavalerie a fait son temps, et nos armées ne doivent plus avoir besoin maintenant que de cavalerie légère.

L'état-major doit subir de grandes réformes, les officiers de ce corps essentiellement aristocratique, étrangers pour ainsi dire à nos habitudes militaires, doivent se rompre à la vie des camps ; ce n'est pas en passant leurs journées dans les bureaux de nos divisions militaires, à faire le métier d'expéditeurs ou de copistes, et leurs soirées dans les salons, que ces jeunes gens acquerront ce qui leur manque pour devenir à trente-cinq ou quarante ans des hommes de guerre expérimentés et vigoureux.

Lorsque nous voyons un capitaine d'état-major de vingt-six ans, le monocle à l'œil, les jambes emprisonnées dans des tuyaux de poêle, la raie sur le milieu de la tête, étincelant de broderies, d'aiguillettes et d'épaulettes, nous ne pouvons nous empêcher d'éprouver un sentiment pénible. Qu'on jette les yeux sur l'état-major prussien !!!

Nous ne faisons pas de la critique pour le plaisir d'en faire, nous n'avons qu'un but : Ecrire la vérité qui nous frappe ;

aussi devons-nous avouer que pendant la guerre qui vient de se terminer d'une façon si désastreuse, MM. les officiers d'état-major et surtout les chefs et sous-chefs d'état-major n'étaient pas à la hauteur de leurs fonctions, les ordres de marche étaient donnés d'une façon déplorable, plusieurs corps et plusieurs armes s'ébranlaient exactement à la même heure ; qu'arrivait-il ? l'infanterie était coupée par la cavalerie qui, elle-même se trouvait arrêtée par l'artillerie ; de la, désordre inévitable et perte d'un temps souvent précieux.

Nous recommandons aux chefs d'état-major la lecture de l'article 124 du règlement sur le service en campagne ; nous les rappelons également à l'exécution rigoureuse de l'article 127 du même règlement ; croira-t-on jamais le fait suivant : Le 6 août, le 60e régiment de ligne, demandé comme renfort, arrivait à Forbach à huit heures et demie du soir ; la bataille était perdue et nos corps désorganisés en retraite sur Sarreguemines et Puttelange. Eh bien ! pas un officier d'état-major, pas un sergent, pas même un sapeur n'avaient été laissés à Forbach ; encore à nous pour indiquer à ce régiment ce qu'il avait à faire et la route qu'il devait suivre. Ah ! général Frossard ! vos bagages et le souci de votre précieuse personne passaient avant le salut d'un régiment français.

Monsieur le général Faidherbe, dans les lignes suivantes, que nous lui demandons la permission de reproduire, a bien mis le doigt sur les plaies et les vices des armées impériales :

« Mauvais serviteurs étaient ces officiers subalternes, se le-
« vant à dix heures pour aller à la pension, et qui, après avoir
« fait plus ou moins exactement leur service, passaient leurs loi-
« sirs au café ou à lire les turpitudes de la littérature parisienne,
« au lieu de s'instruire en géographie, en histoire, de se tenir au
« courant par la lecture de bons ouvrages et de revues sérieu-
« ses, des questions militaires ou politiques du moment.

« Mauvais serviteurs, ces officiers supérieurs ou généraux ha-

« bitués à la mollesse, et qui, devant l'ennemi, , quittaient leurs
« troupes pour aller s'établir confortablement dans quelque châ-
« teau, au lieu d'aller étudier le terrain, de se montrer à leurs
« soldats et de se rendre compte par eux-mêmes de leurs be-
« soins.

« Mauvais officiers, ceux qui, par suite de libertinage, sont,
« dès l'âge de quarante ans, incapables de rester douze heu-
« res à cheval, de supporter les fatigues et les privations de la
« guerre, et se trouvent indisponibles au moment où l'on a be-
« soin d'eux.

« Tout cela demande une réforme. Il faut que les officiers de
« toutes armes et de tous grades deviennent plus studieux, aient
« des habitudes plus viriles, que les officiers généraux vivent
« plus au milieu des troupes et moins dans les salons et les bou-
« doirs. . . . . »

Ces vérités sont écrasantes, personne ne peut les contes-
ter ; mais, à notre avis, ce qui était une faute grave de la part
de certains officiers subalternes devenait un crime chez des
généraux à qui la France avait confié des divisions et des
corps d'armée. Ah ! je l'ai dit plus haut, l'âme de la patrie n'a-
nimait plus tous ces cœurs corrompus, et le talent manquait
partout. Sous l'empire, les officiers subalternes étaient divi-
sés en deux catégories bien distinctes : l'une, poussée par le
favoritisme, se disait fort bien : il est inutile de nous casser
la tête à travailler, nous arriverons toujours. Ces messieurs
osaient même vous fixer d'avance, à quelques mois près, les
dates de leurs nominations aux grades de lieutenant, capitaine, chef de bataillon, etc.

L'autre catégorie, composée généralement d'officiers sortis
des rangs, des déshérités, sans protecteurs, se disait triste-
ment : A quoi bon ! nos efforts ne seront certainement pas
pris en considération et notre avancement est tracé d'avance
par les lentes lois de l'ancienneté ; de là, repos complet, dé-
goût, paresse, oisiveté générale, semestre tous les deux ans
et caractères aigris.

Puisqu'il faut tout dire, il y avait encore dans nos cadres certains officiers parvenus rapidement, grâce à quelque tortueuse protection, qui, pour se donner un genre, affectaient des allures aristocratiques et dans un langage que rien ne peut justifier, essayaient, par des attaques peu loyales, d'entraver l'avenir des officiers républicains. Pauvres sots ! misérables laquais ! qui, sans la révolution de 1789, seraient encore valets à livrée ! . . . . . Espérons que ces tristes gens dont les échines se courbaient plus qu'il n'est nécessaire, ne paraîtront plus dans nos armées citoyennes.

On a déjà écrit bien des volumes pour trouver les causes de nos malheurs ; arrêtons-nous à ces considérations, nous les croyons justes :

1° Armée française, trois fois inférieure en nombre ;

2° Artillerie insuffisante ;

3° Places de l'Est ni armées, ni approvisionnées ;

4° Talents de nos généraux, nuls ;

5° Trahison du maréchal Bazaine.

Pour prévenir le retour de nos désastres et les réparer, il faut donc réorganiser l'armée, faire un appel à tous, exciter l'activité et l'émulation de nos officiers, il faut que le favoritisme disparaisse à tout prix, que les grades soient donnés au concours, à la suite d'examens sérieux et consciencieux, que les inspecteurs généraux disparaissent pour faire place à des Commissions chargées d'inspecter nos régiments et de récompenser chacun selon ses œuvres.

Lorsque le pays nous confiera ses enfants, il faut en faire des soldats et des citoyens républicains en même temps ; il est nécessaire de parler à leur cœur, à leur patriotisme, leur apprendre à aimer la République ; il faut que nos soldats sachent ce qu'ils font lorsqu'ils vont voter ; ne croyez pas que cette manière de faire amoindrisse la discipline ? Nullement ; du reste, les moyens de répression que nous indiquerons plus loin retiendront chacun dans les limites du devoir.

Notre intention n'est pas de traiter la réorganisation complète de l'armée, ni de son mode de recrutement ; nous laissons à des talents reconnus ce travail difficile, qui exige de grandes lumières ; nous nous bornons simplement à présenter un projet ayant pour but de former une bonne infanterie et surtout d'excellents cadres.

Vingt-cinq années, passées dans plusieurs régiments de ligne, nous ont permis de faire de nombreuses observations : nos guerres d'Afrique, et, surtout, la fatale campagne qui vient de se terminer, ont achevé de donner du poids à notre expérience ; aussi, n'hésitons-nous pas à dire ceci : entrons radicalement dans la voie des réformes, supprimons hardiment tout ce qui nous paraît mauvais et défectueux ; en présence des nombreux vices de notre organisation militaire, que MM. les officiers de toutes armes présentent des mémoires ; c'est du choc de nos discussions et de nos appréciations diverses que naîtra la lumière, c'est-à-dire une armée nouvelle, qui sera l'espoir de la patrie.

Avant d'entrer dans les détails relatifs à notre projet, nous avons un vœu à émettre : disons tout de suite que le remplacement militaire est ignoble et d'une immoralité révoltante ; nous n'avons jamais compris une semblable loi sur notre terre de France. L'impôt du sang est un impôt sacré ; s'y soustraire au moyen d'une somme d'argent, que les riches seuls peuvent payer, constitue un privilége monstrueux qui doit disparaître à jamais.

Dans nos régiments, les remplaçants sont connus comme les plus mauvais soldats, et apportent à nos jeunes recrues des habitudes d'ivresse et de paresse ; ajoutons que ces hommes tarés, dans les quinze premiers jours de leur incorporation, entrent aux hôpitaux, atteints de maladies constitutionnelles, dans la proportion de trente-huit pour cent.

Il est donc nécessaire d'emprunter à la Suisse, à la Prusse même, un mode de recrutement juste et rationnel ; que le service militaire soit donc obligatoire pour tous les citoyens français.

Quelle que soit l'action de l'artillerie dans nos guerres actuelles, il n'en est pas moins reconnu que l'infanterie est et sera toujours la reine des batailles ; si, au début de la guerre de 1870, nous avions eu trois cent mille hommes de plus en ligne, l'ennemi aurait été arrêté à nos frontières.

Le moment est propice pour reconstituer l'infanterie, car nous avons un excédant de cadre en officiers supérieurs et subalternes qu'il faut se hâter d'employer.

Le projet que nous présentons au public a· beaucoup de chance de ne pas être pris en considération, *(les observations des subalternes sont si rarement écoutées !)* mais au moins on sera forcé de reconnaître que les moyens pratiques que nous indiquons sont rapides, judicieux et économiques ; en deux fois quarante-huit heures, l'infanterie pourra passer du pied de paix au pied de guerre sans qu'on soit obligé de créer de nouveaux corps.

L'application de mon système présentera des nouveautés, qui, d'abord, pourront paraître étranges, nous sommes convaincu que toutes les modifications ou changements que nous proposons ont une raison d'être ; mais, pour arriver à de bons résultats, il faut que notre recrutement nous fournisse les hommes nécessaires, ce qui sera, certes, facile, si le service obligatoire est adopté.

L'infanterie sur le pied de paix sera portée à un chiffre assez rond, il est vrai, mais elle pourra, sans nuire aux besoins du service et à son instruction, passer, chaque année, cinq mois dans ses foyers.

Comme exemple, nous présentons au recrutement les données suivantes :

Quatre ans de présence sous les drapeaux. — (Avec faculté de passer cinq mois, chaque année, dans la famille.)

Quatre ans dans la réserve. — (Chaque année, dix jours de

réunion au chef-lieu de canton pour l'exécution du maniement d'arme, des charges, des feux et du tir à la cible. Faciliter de se marier dès la première année de réserve.)

Quatre ans dans la garde nationale mobile. — (Chaque année, huit jours de réunion au chef-lieu de canton pour l'exécution du maniement d'arme, des charges, des feux et du tir à la cible.)

Il nous semble que le service ainsi réparti serait peu lourd à supporter, et qu'un homme passant par ces trois périodes serait toujours soldat et habitué au métier des armes ; à des époques déterminées, les dépôts d'instruction seraient employés à instruire la réserve et la garde nationale mobile, qui. de cette façon, seraient tenues constamment au courant des changements qui pourraient se produire dans nos manœuvres.

Les forces de la France, d'après ce principe, se composeraient comme par le passé :

1° D'une armée permanente ;

2° D'une armée de réserve ;

3° D'une garde nationale mobile.

Nous y ajouterons la garde nationale sédentaire, qu'il est essentiel de conserver *à tout prix*, et de mettre sur un excellent pied, avec de bons cadres ; nous appelons, mettre sur un excellent pied, faire disparaître les hommes tarés, qui, à la faveur des grands événements qui viennent de se produire, se sont glissés dans ses rangs.

Cette garde est le salut et la force de notre République. quand nos armées s'ébranleront pour marcher sur la Prusse, elle maintiendra énergiquement l'ordre à l'intérieur, et brisera les tentatives royalistes qui pourraient se produire.

Ceci posé, nous allons présenter l'organisation de l'infanterie sur le pied de paix ; nous présenterons ensuite son passage au pied de guerre. et nous sommes persuadé que le service militaire obligatoire suffira au delà de tous les besoins.

Infanterie française sur le pied de paix. — Constitution des régiments de ligne. — Création d'un commandant en second par bataillon d'infanterie.

Art. 1er. — L'infanterie française sur le pied de paix sera composée de :

Cent cinquante régiments de ligne ;

Trois régiments de zouaves;

Trois régiments de tirailleurs indigènes;

Trois régiments d'infanterie légère d'Afrique.

Ces neuf derniers régiments formeront trois divisions ainsi nommées : Division d'Alger, division d'Oran et division de Constantine; leur effectif ne sera pas limité.

Art 2. — Chaque régiment d'infanterie comprendra trois bataillons à huit compagnies; ces bataillons prendront la dénomination de bataillons actifs.

Art. 3. — Le dépôt de chaque régiment d'infanterie comprendra un bataillon de quatre compagnies d'instructeurs et la compagnie hors rang, qu'il est nécessaire de conserver.

Art. 4. — Les officiers, dans leurs dernières années de service, les sous-officiers, caporaux, clairons et soldats, ayant atteint vingt ans de service, passeront de droit au dépôt, où ils seront employés comme instructeurs.

Art. 5. — Il est créé un commandant en second par bataillon d'infanterie.

Sur le pied de paix, cet officier supérieur concourra au développement de l'instruction théorique et pratique du bataillon; il sera sous les ordres du commandant en premier; le demi-bataillon de gauche sera placé particulièrement sous sa surveillance, le demi-bataillon de droite sera surveillé par le commandant en premier.

Art. 6. — En cas d'absence du commandant en premier, le commandant en second prendra le commandement général du bataillon; à moins de cas de force majeure, un capitaine ne sera jamais distrait de sa compagnie pour remplir un commandement intérimaire.

Art. 7. — Chaque compagnie des bataillons actifs comprendra :

Officiers ...
(Capitaine .... 1)
{ Lieutenant..................... 1 } 3
(Sous-lieutenant .... 1)

Troupe ....
/ Sergent-major.................. 1 \
| Sergent-fourrier .... 1 |
| Caporal-fourrier................ 1 |
| Sergents...................... 6 |
| Caporaux .... 12 } 100
| Soldats de 1re classe............ 18 |
| Soldats de 1re classe, porte-hache. 2 |
| Soldats de 2e classe............ 56 |
\ Clairons...................... 3 /

Effectif........... 100

Art. 8. — Chaque compagnie d'instruction du bataillon de dépôt comprendra :

Officiers ...
(Capitaine..................... 1)
{ Lieutenant.................... 1 } 3
(Sous-lieutenant .... 1)

Troupe ....
/ Sergent-major................. 1 \
| Sergent-fourrier .... 1 |
| Sergents..................... 6 |
| Caporaux.................... 12 } 52
| Clairons..................... 2 |
\ Soldats de 1re et de 2e classe...... 30 /

Effectif............ 52

On comprend facilement que l'effectif des soldats de 1re et 2e classe des compagnies d'instruction ne pourra pas être limité, puisque les bataillons actifs verseront dans ces compagnies leurs vieux soldats et leurs éclopés, passages qui se feront successivement.

Art. 9. — La compagnie hors-rang conservera son organisation actuelle ; elle sera exercée à la manœuvre le samedi et le dimanche.

RÉCAPITULATION.

Trois bataillons actifs. — Pied de paix.

Officiers ...	Colonel.............................	1
	Lieutenant-colonel	1
	Chefs de bataillon en premier.....	3
	Chefs de bataillon en second......	3
	Capitaines adjudants-majors......	3
	Médecins militaires..............	3
	Porte-drapeau	1
	Capitaines de compagnie.........	24
	Lieutenants.....................	24
	Sous-lieutenants	24

Total : 87

Troupe.... 2406 sous-officiers, caporaux et soldats, y compris trois adjudants-sous-officiers et trois caporaux-clairons.

BATAILLON D'INSTRUCTION.

Dépôt et compagnie hors-rang.

Officiers ...	Commandant en premier.........	1
	Major...........................	1
	Capitaine-trésorier..............	1
	Sous-lieutenant adjoint au trésorier.	1
	Capitaine d'habillement..........	1
	Capitaine adjudant-major.........	1
	Médecin militaire................	1
	Capitaines de compagnie.........	4
	Lieutenants.....................	4
	Sous-lieutenants	4

Total : 19

Effectif............ 19

Troupe .... { Adjudant, vaguemestre, chefs ouvriers, sergent maître d'armes , sergent-clairon , sergent garde-magasin, sergent-secrétaire , caporaux-armuriers, tailleurs et cordonniers, soldats de 1re et 2e classe, dont l'effectif ne peut être limité.

La récapitulation générale, pour chaque régiment d'infanterie, sur le pied de paix, présentera donc 106 officiers et environ 2,680 hommes de troupe. Enfin, l'ensemble de toute l'infanterie française, sur le pied de paix, se décomposera de la manière suivante :

1° 477 bataillons actifs, présentant une masse de 381,600 sous-officiers, caporaux et soldats ;

2° 1,272 officiers supérieurs ,

3° 12,561 officiers inférieurs ;

4° 159 bataillons de dépôt, présentant une masse d'environ 44,520 sous-officiers, caporaux et soldats instructeurs ou ouvriers ;

5° 318 officiers supérieurs ;

6° 2,703 officiers inférieurs.

Art. 10. — Une moitié de l'infanterie, soit 213,060 sous-officiers, caporaux et soldats, jouira, chaque année, d'un congé de cinq mois (du 1er janvier au 31 mai inclus), l'autre moitié (du 1er août au 31 décembre). Cette mesure, essentiellement économique, ne pourra nuire en aucune façon à l'instruction des troupes et au service intérieur ; elle rendra, en même temps, des bras au travail.

On remarquera que, pendant les mois de juin et juillet, l'infanterie entière de l'armée se trouvera réunie pour l'inspection générale et les grandes manœuvres.

Cette mesure sera étendue aux officiers qui feront des demandes de congé ; en outre, tout sous-officier, caporal ou soldat, qui se sera distingué au tir à la cible, pourra démander une permission de trente jours, qui lui sera accordée.

Art. 11. — Chaque bataillon d'infanterie légère d'Afrique formera le noyau d'un régiment par province. (Cette création est nécessaire, ainsi qu'on le verra plus loin, au paragraphe : Moyens de répression).

L'expérience a démontré l'insuffisance et la faiblesse de nos cadres en sous-officiers, caporaux et clairons ; au moment où une guerre éclate, il est souverainement déplorable de voir ces nombreuses promotions, faites à la hâte, dans tous nos régiments. (La campagne de l'Est, sous le général Bourbaki, nous en a donné un triste exemple ; les sous-officiers et caporaux, nommés sans examen, ne connaissaient ni leurs officiers, ni leurs soldats).

Nous soutenons ce principe : qu'une armée, dont l'effectif se trouve sensiblement réduit, doit néanmoins posséder de bons et larges cadres, dans lesquels on puisse verser, à un moment donné, un grand nombre de soldats de la réserve ; cette vérité incontestable est rigoureusement mise en pratique dans l'armée prussienne ; c'est pour cette raison majeure que nous avons augmenté de deux sergents, un caporal-fourrier, quatre caporaux et un clairon, le cadre de chaque compagnie des bataillons actifs seulement.

Art. 12. — Dans chaque compagnie des bataillons actifs, il sera nommé deux soldats de 1re classe, porte-hache, choisis parmi les charrons et charpentiers ; ces deux hommes jouiront d'un supplément de solde.

Art. 13. — Dans les manœuvres, l'école de bataillon sera exécutée le plus souvent par des bataillons à quatre pelotons.

Quelle que soit la réduction de son effectif, un bataillon actif de huit compagnies trouvera toujours les éléments nécessaires en cadres et en soldats pour former quatre pelotons égaux (1).

Art. 14. — En dehors des revues, appels, corvées, soins de propreté, écoles, escrime du sabre et du fleuret, gymnastique, natation, etc. . . . . . il est nécessaire que la troupe exécute chaque jour, été comme hiver, un exercice de trois heures et assiste à une théorie de deux heures, coupée par un repos. Pendant les grands froids, la troupe manœuvrerait sous des hangars, et l'école de peloton serait exécutée quelquefois sans armes, quant aux formations et aux marches.

La matinée du dimanche sera consacrée à une revue.

Le tir à la cible devra se faire en tout temps ; un jour par semaine sera affecté à cet exercice.

Dans chaque bataillon, un officier sera chargé du tir ; les fonctions de capitaine de tir sont supprimées.

Nos ouvriers et nos paysans, travaillant en moyenne dix et douze heures par jour, nous ne voyons pas pourquoi nos soldats ne seraient pas employés huit heures sur vingt-quatre.

Les leçons d'escrime du sabre et du fleuret seraient obligatoires, et ne seraient plus payées par les hommes.

Les cours de canne, bâton, boxe, chausson et savate, mis en honneur dans certains régiments par des colonels mal avisés (entre autres par celui du 60e de ligne), sont supprimés ; laissons ces exercices malpropres à la lie des populations ; il nous semble que si nos soldats ont besoin d'exercice pour développer leurs forces physiques, la gymnastique, l'escrime du sabre et du fleuret et la natation suffiront largement.

En voulant apprendre trop de choses à un soldat, on finit par ne rien lui apprendre du tout ; du reste, ce n'est pas avec

(1) Ce travail sera suivi d'un opuscule sur des manœuvres par demi-bataillon appliqué à notre projet ; on y trouvera la formation de nouveaux carrés, seulement ces manœuvres ne paraîtront qu'autant que le projet serait pris en considération. (Note de l'auteur).

des cannes et des bâtons que nous devons bientôt marcher sur la Prusse.

Passage de l'infanterie du pied de paix au pied de guerre.

Art. 15. — Chaque bataillon actif des régiments d'infanterie se dédoublera et formera par conséquent deux bataillons de quatre compagnies ; les chefs de bataillon en second prendront immédiatement le commandement d'un bataillon.

Art. 16. — Les bataillons actifs prendront la dénomination de bataillons de guerre, et les compagnies actives, de compagnies de guerre.

Art. 17. — Chaque compagnie de guerre recevra un renfort de 100 hommes de réserve, ce qui portera donc son effectif à 200 hommes (cet effectif ne devra jamais être dépassé).

Art. 18. — Il sera créé 477 capitaines adjudants-majors et 477 adjudants sous-officiers, pour être affectés aux nouveaux bataillons.

Art. 19. — Il sera créé dans chaque régiment d'infanterie une compagnie d'éclaireurs (effectif 250 hommes). Les officiers affectés à cette compagnie seront remplacés par des officiers valides pris au dépôt.

Les officiers, sous-officiers et soldats de cette compagnie seront l'objet d'un choix et pris parmi ceux de bonne volonté.

Chaque régiment d'infanterie sera donc composé de six bataillons de guerre et d'une compagnie d'éclaireurs.

Art. 20. — L'infanterie présentera alors une masse de 954 bataillons de guerre à 800 hommes,

soit . . . . 753,200 combattants.

159 compagnies d'éclaireurs à 250 hommes, soit 39,750   id.

Effectif total. 792,950   id.

Art. 21. — Les vides de l'infanterie seront comblés par des hommes pris dans la réserve jusqu'à son entier épuisement (12 contingents à 210,000 hommes au bas mot, nous donnent le chiffre énorme de 2,520,000 hommes en armée permanente, réserve et gardes nationales mobiles ; il est évident que, d'après nos données sur le recrutement, les hommes ne doivent jamais manquer).

Art. 22. — Dans le cas où une certaine partie de la garde nationale mobile devrait entrer en ligne, elle serait encadrée dans nos régiments de ligne à raison de deux compagnies par bataillon de guerre ; ces compagnies prendraient le nom de garde nationale mobile de guerre.

Sous aucun prétexte, la garde nationale mobile ne se présenterait à l'ennemi, constituée en bataillons ; non pas que nous doutions de son patriotisme et de sa bravoure, loin de nous cette pensée, mais parce qu'il est nécessaire qu'elle soit bien encadrée pour acquérir en peu de temps, au contact des troupes de ligne, l'habitude du métier des armes, qu'elle aura quelque peu oubliée.

Le patriotisme ne suffit pas toujours à la guerre et viendra se briser souvent contre une forte organisation militaire. Exemple : Les onze cent mille hommes levés par cet héroïque Gambetta, leur courage et leur bravoure sont venus échouer contre les lignes ennemies, parce que nos jeunes troupes, formées sous le feu, ont dû se heurter contre la plus forte organisation militaire d'Europe ; il est donc impossible, matériellement impossible, que nous puissions nous passer d'une armée permanente, à moins que dans un avenir prochain, avenir que nous espérons et que nos enfants verront, les peuples ne se donnent la main en fondant la République universelle, c'est-à-dire les États-Unis d'Europe, alors, seulement, nous pourrons nous passer d'armées.

On a pu voir par ce simple exposé combien il est facile et surtout combien il faut peu de temps à notre infanterie pour se doubler en passant du pied de paix au pied de guerre, surtout quand elle possède de bons cadres.

Il est inutile de croire qu'un bataillon formé de quatre pelotons n'offrira pas la solidité voulue ; nous croyons, au contraire, et c'est l'avis de l'état-major prussien (consulter la formation des bataillons prussiens à quatre compagnies), qu'un bataillon ainsi formé sera plus mobile et exécutera ses manœuvres avec beaucoup plus de rapidité que s'il avait six pelotons.

Suppression des chasseurs à pied.

Considérant que l'infanterie française doit avoir le même recrutement, afin que certains corps ne soient pas privilégiés et n'enlèvent pas aux autres les meilleurs éléments ;

Considérant que la tenue sombre des chasseurs à pied a été cause souvent de funestes méprises (à Forbach, un bataillon de chasseurs en première ligne, attaqué par les Prussiens, était fusillé derrière par un de nos régiments de ligne ; ce malheureux bataillon fut en partie anéanti) ;

Considérant que le service, en temps de paix comme en temps de guerre, exécuté par les bataillons de chasseurs à pied est exactement le même que celui fait par nos régiments d'infanterie ;

Considérant que les manœuvres sont les mêmes,

Art. 1er. — Les vingt bataillons de chasseurs à pied sont licenciés.

Art. 2. — Les officiers, sous-officiers, caporaux et chasseurs de ces bataillons seront versés dans les régiments de ligne.

Suppression des musiques d'infanterie, des sapeurs, tambours-majors et caporaux-tambours.

Considérant que l'armée républicaine doit mettre de côté tout étalage de luxe coûteux et complétement inutile;

Considérant que les musiques d'infanterie constituent non-seulement un embarras sérieux en temps de guerre, mais encore une dépense annuelle de près de six millions de francs;

Considérant que ces musiques enlèvent six mille combattants aux rangs de l'armée,

Art. 1er. — Les musiques d'infanterie sont supprimées.

Art. 2. — Pour récompenser de vieux services, et afin que l'armée ne reste pas étrangère à l'art musical, il sera créé une musique au chef-lieu de chaque division militaire; par exception, la ville de Paris possédera quatre musiques militaires; la ville de Lyon, deux.

Art. 3. — Les musiques militaires seront sous les ordres du général commandant la division; elles seront employées aux fêtes nationales, aux honneurs funèbres à rendre aux officiers morts en activité de service; elles joueront sur les terrains d'exercice les jours des manœuvres et sur nos places publiques pendant la belle saison.

Sous aucun prétexte, une musique militaire ne sera mise à la disposition de qui que ce soit pour des plaisirs privés.

Considérant que les sapeurs ne rendent, soit en temps de paix, soit en temps de guerre, aucun service sérieux, si ce n'est d'être employés comme jalonneurs dans nos manœuvres;

Considérant que ces militaires, dont l'accoutrement est si ridicule, se trouvent spécialement sous les ordres des colonels et lieutenants-colonels, qui les emploient uniquement comme soldats de confiance, ou en qualité de bonnes d'enfants;

Considérant que les sapeurs vieillis dans nos armées par suite du remplacement militaire ne peuvent faire un long service de guerre ; que ces hommes, du reste, sont complétement usés,

Art. 4. — Le caporal-sapeur et les douze sapeurs de chaque régiment d'infanterie sont supprimés et remplacés par les soldats de 1re classe, porte-hache, créés dans chaque compagnie active, (cette création de deux soldats porte-hache par compagnie, a l'avantage de doter chaque bataillon de huit hommes pourvus de hache indépendamment du fusil, soit 48 hommes par régiment, sur le pied de guerre, dont les services seront réels, et remplaceront avantageusement ceux rendus par l'institution vénérable des sapeurs) ;

Considérant que les panaches, le grotesque et les inutilités de toutes sortes doivent disparaître des rangs des armées républicaines ;

Considérant que les tambours-majors coûtent deux cent mille francs par an à l'État ;

Considérant que ces longs militaires à plumets constituent un ridicule immense, qui fait la joie des gamins de nos villes ;

Considérant, également, que les fonctions de ces sous-officiers cessent naturellement par la suppression des tambours,

Art. 5. — Les tambours-majors et caporaux tambours sont supprimés et rentrent dans les rangs des bataillons comme sous-officiers et caporaux.

Les tambours remplacés par des clairons. — Création d'une école de clairons au dépôt de chaque régiment d'infanterie.

L'expérience a toujours démontré jusqu'à l'évidence le triste rôle que jouent nos tambours en temps de guerre ; à la fin de nos dernières campagnes, on a pu voir presque tous ces militaires spécialistes, traînant péniblement leurs gros instruments privés de peaux, à la tête de nos colonnes ;

Considérant que la pluie et l'humidité rendent, pour ainsi dire, impossible l'emploi de la caisse;

Considérant que le bruit sourd du tambour ne s'entend presque pas au milieu d'une fusillade nourrie, tandis que le son éclatant du clairon domine tous les fracas, même celui de l'artillerie;

Considérant que les tambours ne sont pas armés de fusil, et présentent 96 non-combattants, y compris les élèves, par régiment d'infanterie,

Art. 1er. — Les tambours sont supprimés et remplacés par des clairons.

Art. 2. — Une école de clairons, dirigée par un sous-officier ayant le talent nécessaire, est créée au dépôt de chaque régiment d'infanterie.

Art. 3. — Cette école est placée sous la surveillance du major; elle devra fournir à tous les besoins du régiment.

Art. 4. — Les musiciens licenciés (3e et 4e cl.) seront engagés à servir en qualité de clairons.

Art. 5. — Les clairons, comme par le passé, continueront à être armés du fusil chassepot;

Résumé : La suppression des musiques, sapeurs, tambours-majors, caporaux-tambours et tambours, produit une économie annuelle de plus de sept millions de francs, et renforce les rangs de l'armée de 26,245 combattants.

Il faut réellement cet esprit de routine qui domine généralement dans les hauts rangs de l'armée pour n'avoir pas mis de côté, depuis longtemps, cette mise en scène ridicule, embarrassant nos régiments d'infanterie, tout en produisant de nombreuses bouches inutiles.

Nous espérons que les hommes intelligents de l'armée et l'opinion publique, avec laquelle on doit compter, se prononceront énergiquement dans le sens de nos réformes.

Nécessité absolue d'une réforme dans la tactique de l'infanterie.

Napoléon Ier a dit : On doit changer la tactique de l'armée française tous les dix ans. Cette grande vérité, sortie de la bouche de ce redoutable homme de guerre, n'a plus été mise en pratique depuis sa mort, et tous nos généraux de la Révolution et du premier Empire ayant remis l'épée au fourreau, après des carrières plus ou moins bien remplies, nous ont laissé des souvenirs et des mémoires qu'on doit consulter souvent, mais qu'il n'est plus possible de donner comme exemples à suivre depuis le perfectionnement de l'artillerie et celui, plus éclatant encore, de l'armement de notre infanterie. L'exemple du passé et les désastres inouïs attachés à notre campagne de 1870-1871 devraient pourtant éclairer nos généraux, et leur démontrer la nécessité absolue, urgente, de changements radicaux dans notre déplorable tactique.

Remontons un peu haut, et suivons les différentes réformes apportées dans la tactique des armées françaises.

Pendant nos guerres de la révolution, nos troupes, composées de volontaires et de soldats de ligne, se présentent à l'ennemi en grandes bandes de tirailleurs, soutenues par de puissantes réserves ; cette tactique est nouvelle et tout à notre avantage ; nous laissons de côté la vieille manie des colonnes profondes, qu'on ne peut appliquer à nos soldats improvisés.

Quelques années plus tard, nouveaux changements, nouvelle tactique, car les troupes républicaines se sont formées sous le feu, les victoires nationales de Valmy, Jemmapes, Fleurus, leur ont donné une solidité remarquable : action d'une masse toujours compacte sur des forces éparpillées en corps ou détachements (1), système renversant complète-

(1) Cette tactique a été rigoureusement suivie par les généraux

ment l'ancienne école des hommes de guerre du XVIIe et XVIIIe siècle, mis en pratique par les généraux républicains, et surtout revu et corrigé par le général Bonaparte, pendant ses immortelles campagnes d'Italie, où Wurmser, Alvinzy, Clerfayt et Mélas tombent successivement sous ses coups, ayant commis la faute irréparable de faire de nombreux détachements devant un ennemi sachant toujours se masser rapidement au commencement d'une action.

Dix ans plus tard, Napoléon est empereur ; ses armées sont plus nombreuses, sa tactique subit encore de nouvelles modifications : ailes faibles, centre fort, réserve importante sous la main et masse énorme d'artillerie dirigée sur le centre de l'ennemi afin de l'ébranler, avant d'y lancer des colonnes d'attaque pour achever de le percer. La bataille de Wagram nous donne un exemple frappant de cette tactique : après avoir criblé de boulets et d'obus le centre de l'armée autrichienne, l'empereur le fit attaquer par Mac-Donald, qui disposa ses troupes en une forte ligne de bataillons déployés, dont les ailes étaient flanquées de bataillons en colonnes épaisses. En 1812, à la bataille de la Moskowa, nous retrouvons encore cette tactique favorite de Napoléon, et nous voyons l'armée russe dessinant son mouvement de retraite, accablée sous le feu épouvantable de deux cents pièces de canon massées sur un point central ; si la garde avait donné, la campagne de Russie se terminait à la Moskowa. En 1814, pendant notre glorieuse campagne de France, où moins de cent mille Français luttèrent avec tant d'éclat contre huit cent mille coalisés, Napoléon fut obligé d'apporter quelques modifications à sa tactique habituelle ; conservant toujours sous la

prussiens, depuis le commencement de la guerre, pendant que les nôtres ont tous commis les mêmes fautes que nous reprochons à Wurmser, Alvinzy, Clerfayt, luttant contre Bonaparte, en Italie : disséminer nos troupes devant un ennemi marchant toujours compacte, ou sachant se masser avec rapidité, est une cause de désastres.

main une masse respectable, cet homme, réellement extraor-
dinaire, par des marches rapides, savamment combinées, bat-
tait successivement, avec les mêmes troupes, les armées ennemies, épouvantées d'avoir continuellement sur les bras ce
redoutable adversaire ; leurs communications furent même
menacées un instant. Certes, nous devions succomber sous
le nombre, mais au moins nous tombions avec gloire en ins-
crivant sur nos drapeaux mutilés, Champaubert, Brienne,
Montmirail, Craône, La Rothière, etc. C'est qu'alors les généraux ne capitulaient pas et déployaient devant l'ennemi un
génie qui, malheureusement, ne pouvait exister sous le deuxième empire.

Depuis ces époques remarquables, la tactique est restée à
peu près stationnaire, et, pourtant, ce qui pouvait s'exécuter
en 1792, 1796, 1812, 1814, il y a trente ans, il y a dix ans même, n'est plus possible aujourd'hui avec nos armes à longues
portées.

Il est urgent que notre tactique soit changée ou du moins
considérablement modifiée ; nous proposons les mesures
suivantes :

Art. 1er. — Création d'une commission de douze membres fonctionnant au chef-lieu de chaque division militaire ; cette commission, présidée par un officier général, ren-
fermerait dans son sein : cinq officiers supérieurs, deux capitaines, deux lieutenants et deux sous-lieutenants, choisis dans
toutes les armes.

Art. 2. — La commission divisionnaire, en dehors de ses
travaux ou projets, verrait avec soin et centraliserait les mémoires militaires exécutés par les officiers stationnés dans la
division.

Art. 3. — Création d'une commission centrale siégeant au
ministère de la guerre pour centraliser les travaux de tous
nos officiers.

En acceptant cette mesure, une impulsion vigoureuse serait donnée et toutes les forces intellectuelles de l'armée seraient en jeu ; deux ou trois officiers, désignés par l'autorité, n'auraient pas seuls la tâche impossible de produire une nouvelle tactique et de changer les rouages usés de notre organisation militaire.

Les colonnes de compagnie de l'armée prussienne.

Quelques mois avant la fatale déclaration de guerre qui devait être cause de l'abaissement de la France, une pluie de petits livres bleus, verts, jaunes, tombait périodiquement sur nos régiments, tous ces petits ouvrages, assez bien conçus, du reste, nous parlaient longuement de l'organisation militaire prussienne, de la tactique de la cavalerie, de la campagne de 1866, campagne terrible, résumant en quelques mois la plus éclatante défaite qu'une puissance militaire de premier ordre ait eu à subir, sans oublier pourtant, celle de l'armée prussienne en 1806, où vingt jours seulement suffirent au vainqueur de Marengo pour briser du revers de son épée la monarchie prussienne, et la renverser sur le cadavre du duc de Brunswick, célèbre par son odieux manifeste contre la nation française.

Un de ces opuscules traitait particulièrement de la tactique prussienne et préconisait un peu ses colonnes de compagnie ; puis, pendant qu'on perdait ainsi un temps précieux, nos places de l'Est restaient désarmées, sans approvisionnements, sans troupes, et une armée française de 250,000 hommes, sans plan de campagne, sans tactique, mal commandée, se disposait à prendre l'offensive sur un million de Prussiens bien commandés et victorieux de l'Autriche.

Les colonnes de compagnie de l'armée prussienne constituent une bonne tactique, il est vrai : elles donnent la somme totale de force et d'intelligence qu'on est toujours en droit de demander à une compagnie, composée de bons soldats, et surtout bien commandée ; mais nous soutenons que cette tactique brise complétement l'initiative des officiers supérieurs en abandonnant la direction et l'action aux mains des capitaines ; nous ne pouvons adopter ces manœuvres sans danger, parce que le caractère bouillant de nos officiers et de nos soldats ne se prête nullement à cette manière de combattre. Il faut que dans nos actions de guerre, même les plus simples, le commandement supérieur plane sur la situation, non pas pour donner l'impulsion, mais plutôt pour arrêter un surcroît d'entraînement, qui, malheureusement, arrive trop souvent ; tout ceci est une question de sang, de race ; les Allemands sont lourds, tandis que les Français sont vifs ; c'est ce qui a toujours fait notre supériorité dans les combats à l'arme blanche, maintenant trop rares avec nos armes à longues portées.

Il faut reconnaître que les Prussiens comprennent beaucoup mieux que nous la guerre des bois et profitent habilement de tous les obstacles pouvant les couvrir.

Nous avons eu souvent l'occasion d'admirer leur manière de combattre sous ce rapport.

Généralement, une ligne fort mince de tirailleurs déployée à quelques mètres de la lisière du bois, engage le feu à une assez longue distance et semble attirer les efforts de l'ennemi ; si on avance, si on se laisse prendre à ce piége, ces tirailleurs se replient vivement sur une deuxième ligne fort serrée, parfaitement dissimulée dans le bois et soutenue elle-même par de nombreux pelotons de réserve ; on se trouve fort étonné alors d'être couvert de projectiles par un ennemi invisible qui vise parfaitement et à coups sûrs.

Rarement, les généraux prussiens montrent leur infanterie à découvert ; lorsqu'ils sont obligés de l'engager à fond, ils la font toujours soutenir par beaucoup d'artillerie.

Le camp de Châlons sous l'empire.

Le camp de Châlons sous l'empire n'a été véritablement qu'une longue école d'absurdités et de honteux scandales, où notre malheureuse armée achevait de perdre progressivement, dans l'oubli de tous ses devoirs, et sa dignité et sa virilité.

On est réellement effrayé quand on songe aux sommes énormes qui ont été englouties par notre César dans ce lieu de débauche, où, chaque année, il se plaisait à réunir ses favoris à l'époque de sa fête, et où ses complices des crimes du 2 décembre obtenaient des commandements de faveur.

La mendicité au camp de Châlons était à l'ordre du jour ; des officiers de hauts grades, sans retenue, sans pudeur, n'hésitaient pas, comme des laquais, à venir tendre la main, et dans des postures fort humiliantes, sollicitaient des faveurs et de l'avancement.

En 18.., n'avons-nous pas vu ce déplorable colonel B....., ce plat valet de l'autorité, simulant une entorse aux yeux de l'état-major impérial, pour faire croire à une ancienne blessure, afin d'obtenir une décoration ! Cette manœuvre honteuse ne lui avait pourtant pas réussi au retour des troupes de Crimée, lors de leur entrée à Paris.

Au mépris de l'article 181 du règlement sur le service en campagne, ainsi conçu : « La gendarmerie écarte de l'armée les femmes de mauvaise vie, » des maisons complètes de prostitution étaient demandées à Paris par l'autorité pour augmenter le nombre déjà considérable de celles qui existaient.

Les généraux bonapartistes eux-mêmes donnaient à leurs officiers le triste exemple de la dépravation et du vice sous des cheveux blancs (1) ; nous faisons appel aux souvenirs de tous nos camarades républicains ; n'avons-nous pas vu souvent chez la fameuse Mme Des... des généraux en tenue, tenir publiquement sur leurs genoux les poupées de l'établissement. Ah ! que pouvait-on demander et obtenir de pareils chefs ? Aussi, les résultats du camp de Châlons n'étaient pas difficiles à prévoir : Sedan, Beaumont, Forbach, Metz, l'invasion, donnent cruellement raison à notre critique, qui, pour être amère, n'en est pas moins juste. Oui ! peuple, il faut avoir le courage de tout dire ; il est inutile d'user de ménagements et de parler à demi-mots quand on a sous les yeux l'écrasement de la France, notre gloire ternie et la perte de nos provinces.

Quant au talent de nos généraux, disons tout de suite que leur ignorance proverbiale était à la hauteur de leur aplomb. Combien de fois avec notre ami Henri S... n'avons-nous pas ri de la singulière allocution du général de L..... à ses officiers, allocution dont voici exactement le texte : « Messieurs, nous allons exécuter des manœuvres où vous n'aurez simplement qu'à obéir aux ordres donnés, sans commentaires, il est inutile que vous cherchiez à comprendre, chaque chose a sa raison d'être ; nous seuls connaissons le secret de nos opérations. » Pauvre général Boum ! véritablement, il eût été fort difficile de saisir quelque chose dans des manœuvres auxquelles il ne comprenait rien lui-même.

C'est ce même général qui fit un jour charger de l'infanterie, cachée dans un bois, par des chasseurs à cheval ; rien n'était plus amusant que de voir nos malheureux cavaliers, faisant des moulinets avec leurs sabres, sur la lisière du susdit bois, devant nos fantassins embusqués, qui leur riaient au nez.

(1) Nous devons avouer que nous avons toujours remarqué d'honorables exceptions.

Nos grandes manœuvres, d'une pauvreté d'idées révoltante, nous couvraient de ridicule ; tous les ans, elles étaient pompeusement reproduites, sans modification aucune, malgré les changements apportés dans l'armement de notre infanterie, qui les rendaient logiquement impossibles.

En 1867, des officiers prussiens, présents au camp, donnaient sur nous, à leur gouvernement, les renseignements suivants :

« *Infanterie.* — Assez bien outillée, petits hommes, ne pouvant « faire de longues marches.

« *Artillerie.* — Officiers instruits, mais matériel insuffisant.

« *Cavalerie.* — Pouvant juste aller droit devant elle.

« *État-major.* — Nul.

« *Manœuvres.* — Insignifiantes. »

Voici exactement ce que pensait de nous l'ennemi que nous devions attaquer trois ans plus tard.

Espionnage.

A toutes les époques de notre histoire militaire, nous remarquons que les commandants d'armées ont dû se servir d'espions, soit pour connaître les projets de l'ennemi, soit pour s'éclairer, dans une marche offensive, sur un territoire étranger.

Avant une déclaration de guerre, il est nécessaire, nous dirons même indispensable, de posséder des notes et renseignements, d'une parfaite exactitude, sur le pays qu'on doit envahir et sur l'armée qui doit le défendre ; sa force, sa composition, son organisation, le nom du général en chef et de ses principaux lieutenants. On peut se servir, avec énormément de prudence, du reste, du concours des habitants du pays qu'on veut attaquer ; il s'en trouve partout, hélas ! qui vendent leur conscience pour de l'or ; des déserteurs ennemis peuvent également être employés, mais en prenant contre eux des précautions telles que leur existence doit répondre immédiatement d'une infidélité ; il faut également se les attacher par l'appât de l'argent.

Nous savons parfaitement que l'espionnage répugne profondément à la loyauté française ; mais, de même que les poisons sont employés en médecine, nous devons faire taire nos répugnances, dans l'intérêt de tous, et nous servir de gens qu'on ne doit plus connaître lorsqu'ils ont achevé leurs tristes services et qu'ils ont été payés largement.

Les Prussiens, nos maîtres encore sous ce rapport, nous ont donné un exemple frappant d'un système d'espionnage, ayant depuis longtemps envahi la France et couvert nos pays de ses réseaux inextricables ; nos routes, nos sentiers, nos villes, nos villages, nos hameaux, nos populations, et surtout nos richesses, tout était su, connu, scruté, fouillé, exploré avec un art infernal, par un ennemi rusé, lorsque nous ignorions complétement ce qui se passait chez lui.

Avant la guerre, l'état-major prussien faisait explorer nos frontières et nos places fortes par de nombreux officiers, qui ne prenaient même pas la peine de déguiser leurs personnes et leurs missions. Nous citerons à ce propos une anecdote assez curieuse, qui prouve jusqu'où peut aller la..... naïveté (nous tenons à rester poli) de certains de nos officiers supérieurs :

Pendant les mois d'avril, mai et juin 1870, les habitants de la ville de Nancy ont pu voir souvent un jeune homme d'une figure intelligente, d'une tenue parfaite, et portant quelquefois, avec beaucoup d'aisance, l'uniforme de lieutenant de chasseurs de l'armée bavaroise. Ce jeune homme, lié avec beaucoup d'officiers du 60ᵉ de ligne, vivait à *leur table* et fréquentait leur café ; il assistait à nos manœuvres, où le colonel du régiment poussait la courtoisie jusqu'à lui prêter ses chevaux ; souvent, notre jeune officier s'absentait pour aller, en touriste, visiter Toul, Metz, Thionville ; mais il est à constater qu'il revenait toujours à Nancy, quartier général du grand commandement; un beau jour, il rejoignit l'armée bavaroise, d'où il échangea même quelques photographies avec ses nouveaux amis du 60ᵉ de ligne.

La guerre éclate, nous sommes écrasés, les Prussiens, comme une avalanche, envahissent nos provinces; Nancy est militairement occupé, et la place de Marsal, défendue par deux cent cinquante hommes seulement du 60ᵉ, se trouve étroitement bloquée, et obligée d'ouvrir ses portes à un corps d'armée bavarois. Eh bien! croira-t-on que le premier officier ennemi qui entra dans Marsal était justement notre ancienne connaissance, le lieutenant bavarois, reçu avec tant d'empressement à la table des officiers du 60ᵉ, dont il en retrouva même quelques-uns dans cette place. Nous devons ajouter qu'il fût charmant avec eux; il demanda même à commander l'escorte qui devait les conduire prisonniers à Munich.

On peut établir sur ce fait de singuliers rapprochements, et, pour des esprits éclairés, il est évident que cet officier ennemi était chargé d'une mission spéciale, et qu'il a dû rendre compte de la force de nos effectifs, si réduits à cette époque, et fournir, sur nos places de l'Est, de précieux renseignements quant à leurs garnisons, leur armement et leurs approvisionnements.

Nous dénonçons à l'opinion publique l'autorité militaire coupable, qui, sous ses yeux, a toléré de pareils faits, et nous nous proposons d'adresser bientôt à la Chambre une pétition sur cette affaire, dans laquelle de nombreux témoins viendront apporter la lumière.

Il est nécessaire de combattre les Prussiens avec leurs propres armes, et, tout en nous tenant sur nos gardes, de les faire observer par des hommes sérieux et intelligents, choisis dans l'armée.

Ce service, nullement d'espionnage, sera proposé aux officiers et sous-officiers de bonne volonté parlant parfaitement la langue allemande.

Des missions de confiance leur seront données, et, pour que leur susceptibilité ne se trouve pas froissée, la question d'argent sera naturellement écartée ; une solde de voyage et d'entretien sera simplement allouée.

Les services des officiers et sous-officiers, chargés de missions de confiance, seront récompensés par de l'avancement.

En conséquence, nous proposons les mesures suivantes :

Art. 1er. — Un bureau de renseignements politiques et militaires est créé à Nancy.

Art. 2. — Le personnel du bureau de renseignements se composera de :

1 directeur,

2 contrôleurs ,

48 scrutateurs et dessinateurs.

Art. 3. — Ce personnel, moins le directeur, qui devra toujours occuper Nancy, envahira les principales villes fortes d'Allemagne.

Art. 4. — Les scrutateurs et dessinateurs seront sous les ordres des contrôleurs.

Art. 5. — Les travaux devront donner principalement les renseignements suivants : Esprit de l'armée et des populations annexées ; effectifs, artillerie, inventions, changements dans l'organisation de l'armée, dans son armement, cartes, levés à vue, dessins des principales places fortes, ressources en tous genres des différentes provinces de l'Empire d'Allemagne, faits divers pouvant être utiles, etc....

Art. 6. — Les mémoires et rapports d'une grande importance ne seront pas mis à la poste prussienne, mais bien apportés directement à Nancy.

Art. 7. — Le directeur du bureau centralisera ces travaux, et en adressera un résumé au Ministre de la guerre deux fois par semaine ; les lettres, renseignements et mémoires seront classés dans les archives du bureau, où un registre d'analyses de ces mémoires sera ouvert par dates.

Art. 8. — Nos scrutateurs et dessinateurs seront recommandés particulièrement à nos agents consulaires et à nos ambassades d'Allemagne.

Partisans et francs-tireurs.

Les nombreuses compagnies de partisans et de francs-tireurs, créées en France pendant la guerre, n'ont pas donné tout ce qu'on était en droit d'attendre d'elles ; la trop grande initiative laissée à tous les capitaines commandant ces compagnies a souvent gêné et compromis les opérations de nos généraux ; nous devons dire cependant, que beaucoup de ces petits corps ont rendu à la patrie des services immenses ; nous citerons, entre autres, les francs-tireurs commandés par l'intrépide colonel Bourras, que l'armée entière a dû applaudir.

Pour entrer en matière, disons de suite que les partisans et francs-tireurs doivent se diviser en deux catégories bien distinctes : 1° ceux créés par le général commandant en chef et pris dans l'armée ; 2° ceux organisés sur le territoire français lorsqu'il est envahi, et qui doivent combattre l'ennemi en l'absence de troupes régulières.

Ainsi donc les opérations des corps de partisans ou francs-tireurs sont liées presque toujours aux mouvements généraux d'une armée ; mais, parfois, en raison de la nature de la guerre, ces corps agissent isolément, surtout dans les pays d'un accès difficile ; c'est sous ce double point de vue que nous allons développer quelques idées se rattachant à des principes généraux, susceptibles évidemment de modifications, selon que la guerre est offensive ou défensive.

Les corps de partisans attachés à une armée d'invasion servent à inquiéter l'ennemi, à enlever ses courriers, ses magasins, à gêner ses opérations ; ils servent à masquer les mouvements dangereux et forcent l'ennemi à faire de nombreux détachements ; ils éclairent la marche des colonnes et doivent répandre dans les pays envahis des nouvelles propres à effrayer. Ces corps se composent habituellement d'infanterie et de cavalerie légère ; les hommes doivent être choisis parmi les plus vigoureux montagnards, braconniers, etc.

Les officiers doivent être jeunes, instruits, vigoureux, audacieux, rompus aux fatigues de la guerre, habitués aux coups de main, aux embuscades ; ils doivent exiger de leurs hommes la discipline la plus sévère, l'obéissance la plus absolue ; une désobéissance formelle doit être punie de mort immédiatement ; le bon sens et la conscience doivent toujours guider ces officiers dans les circonstances graves où des exemples terribles sont nécessaires.

Au repos, en dehors de tout service, les officiers appelés à commander aux partisans doivent être familiers avec leurs hommes ; ils peuvent manger leur soupe, boire leur café en payant double et triple ce qu'ils prennent ; c'est un moyen sûr de se faire connaître ; un chef aimé de ses soldats pourra souvent leur demander l'impossible.

Les partisans doivent toujours être tenus en haleine ; la vigilance, la ténacité, l'énergie, la discrétion et l'audace leur seraient d'une absolue nécessité pour exécuter avec adresse et succès les déterminations soudaines de leurs officiers.

La deuxième catégorie comprend les partisans ou francs-tireurs organisés sur les derrières et sur les flancs d'une armée ayant envahi le territoire français ; dans ce cas, leurs opérations ne sont pas subordonnées aux mouvements d'une armée forcée de battre en retraite ; il est nécessaire alors de leur laisser des officiers et des sous-officiers pour les commander et les diriger, car ces partisans sont peu habitués aux manœuvres.

Ces partisans doivent être soumis à certaines règles de police afin qu'un but honorable et glorieux, inspiré par le sentiment national, ne serve pas de prétexte au vol et au brigandage. Combien de fois, à la faveur de nos discordes et de nos guerres, n'a-t-on pas vu des bandes de pillards pêcher en eau trouble à l'abri d'une cocarde ou à l'ombre d'un drapeau? On doit être impitoyable à l'égard de pareils bandits; sur preuves convaincantes, ils doivent être fusillés immédiatement; mais, pour éviter des erreurs déplorables, chaque partisan devra être porteur d'une carte signée d'une autorité civile ou militaire.

Ces soldats improvisés doivent présenter une certaine organisation qui permettra de les utiliser parfois avec ensemble et sur une grande échelle.

Voici les instructions que nous donnerions aux officiers et sous-officiers chargés de soulever le pays sur les derrières et les flancs de l'armée ennemie :

1° Former les bandes de quatre-vingts à cent hommes, les armer, leur donner le nom de leur commune ou arrondissement et des chefs;

2° Faire passer dans tous les cœurs l'amour de la patrie et la haine de l'étranger;

3° Éterniser le soulèvement, relever les courages abattus, sonner le tocsin;

4° Ne livrer que des combats partiels;

5° Attaquer les convois de l'ennemi, enlever ses courriers;

6° Eviter les affaires sérieuses où l'ennemi pourrait se déployer;

7° Réunir parfois plusieurs bandes, tomber comme la foudre sur les petits détachements ennemis, les disperser et les enlever;

8° Se disperser devant des forces supérieures pour se rallier ensuite à certains endroits désignés d'avance;

9° Tendre des embuscades;

10° Voltiger continuellement sur les flancs des colonnes ennemies, sur leurs derrières, les précéder souvent afin de couper les routes, chemins, sentiers, embarrasser les gués, faire sauter les ponts ou tunnels, enlever les hommes isolés; enfin, retarder la marche de l'ennemi par tous les moyens possibles en essayant de le détruire en détail.

Il est utile également de faire porter aux partisans la cocarde tricolore à la coiffure.

Des chefs de partisans audacieux peuvent ainsi rendre des services immenses à la patrie.

En 1792, en 1814, en 1870 et 1871, les paysans se levèrent généralement; des combats acharnés furent livrés et beaucoup de nos villages servirent de tombeaux à des détachements ennemis; enfin, nous avons prouvé aux barbares qu'on n'envahissait pas impunément la France.

Jugement porté sur l'intendance militaire.

Nous avons peu à dire sur l'intendance militaire, nous n'avons qu'un vœu à émettre : c'est que le jour où un ministre de la guerre demandera et obtiendra le licenciement de ce corps déplorable, ce jour-là un immense service aura été rendu au pays, à l'armée.

L'intendance militaire, soit au Mexique, soit en Crimée, soit en Italie, a toujours montré une ignorance profonde, une incapacité notoire, la campage de 1870-1871 vient de combler la mesure des fautes incalculables commises par ces employés militaires, qui ne rougissent pas de conserver dans leurs mains la direction et le contrôle.

L'intendance militaire doit entrer pour une large part dans les causes de nos désastres, jamais elle ne s'est trouvée à la hauteur de sa mission; n'a-t-on pas vu des fonctionnaires de ce corps mis en retrait d'emploi pour n'avoir pas assuré l'évacuation de nos blessés ? N'a-t-on pas vu à Metz, le lendemain de la capitulation, nos malheureux malades demander l'aumône et tendre la main (1) dans les rues de la ville, parce que l'intendance militaire, peu soucieuse de nos soldats, n'avait pris aucune mesure à leur égard et avait versé dans les caisses prussiennes les quatre ou cinq cent mille francs qui restaient encore après la solde anticipée payée aux officiers de l'armée, au lieu de faire remettre cet argent, comme secours, à nos malades et à nos blessés.

Si, enfin, Metz avait été approvisionné de denrées, malgré la trahison de Bazaine, la place aurait pu tenir, et, certes, les choses auraient pu changer de face ; que répondra l'intendance à cette question ?

Mais quel est donc l'esprit de routine qui aveugle les chefs de l'armée pour ne pas voir que l'intendance militaire est une institution qui nous est fatale et ne possède aucune idée arrêtée pour approvisionner largement et surtout rapidement nos troupes en campagne ?

Il est un principe pourtant qu'on ne doit jamais perdre de vue : c'est que nos forces morales sont intimement liées à nos forces physiques ; comment faire exécuter de longues marches, comment faire combattre nos soldats si vous ne leur donnez pas à manger ? Je ne compte sur mes hommes, disait un général anglais, que lorsqu'ils ont la pièce de bœuf dans l'estomac ; certes, ce général avait raison.

Enfin, il est un fait qui n'a pas besoin d'être démontré : c'est que les besoins matériels de nos armées n'ont jamais été assurés, les soldats de l'armée du général Bourbaki ont souvent manqué de vivres.

Qu'on se hâte donc de remplacer l'intendance militaire par des employés offrant plus de garanties, et qu'on se souvienne toujours de ces paroles si vraies d'un roi de Prusse (le grand Frédéric): « Pour bien établir une armée, il faut commencer par

---

(1) Nous citons comme témoins de ce fait épouvantable les habitants de la ville de Metz, qui étaient indignés.

le ventre, c'est la base et le fondement de toutes les opérations militaires. »

Discipline de l'armée. — Moyens de répression.

Le souffle empoisonné de l'empire porta une grave at-
teinte à la discipline de l'armée ; le favoritisme lui donna le
dernier coup.

Le gouvernement personnel avait naturellement créé dans
nos régiments le commandement personnel, source de tant
d'injustices, et les exemples de corruption donnés par les
principaux généraux bonapartistes, dont on se rappelait la
participation au crime du 2 décembre, avaient jeté dans l'armée des ferments de discorde et de haine.

Lorsque la guerre de 1870 éclata, la discipline n'existait
plus, et si nos soldats obéissaient encore, et présentaient à
l'ennemi une solidité relative, c'est que, malgré tout, l'amour
de la patrie vivait toujours dans leur âme troublée ; mais l'af-
fection et le respect, pour leurs généraux et leurs colonels,
étaient bien morts.

Nos désastres, suites naturelles de défaillances et de trahi-
sons, achevèrent complètement la dissolution des armées impériales ; les retraites, alors, se changèrent en honteuses dé-
routes. Mais, ralliez-vous donc au drapeau ! disaient les officiers inférieurs à leurs soldats. — Nos drapeaux n'existent
plus, répondaient ces derniers, les Prussiens les ont pris ; et
la cavalerie légère de l'ennemi ramassait nos fuyards par
milliers, et des armées entières mettaient bas les armes, à la
voix de leurs généraux.

Nos soldats sont rentrés des prisons de l'ennemi ; les malheurs de la patrie, un cruel exil et de grandes souffrances,
ont aigri leurs cœurs ; ces hommes, complètement démora-
lisés, se promènent dans les rues de nos villes, les yeux
hagards et dans une tenue débraillée ; ils oublient que le sa-

lut est un honneur pour celui qui le donne et pour celui qui le reçoit; on les voit passer indifférents près de leurs officiers, et si quelques-uns, par un reste d'habitude, lèvent machinalement la main à hauteur de leur coiffure, ils détournent la tête en même temps.

Sous l'empire, ce qu'on appelait discipline n'était qu'une honteuse école de servilité, où la bassesse le disputait à l'empressement de plaire à tout prix.

Dans l'intérêt de tous, pour l'honneur de la France et la dignité de l'armée, il faut qu'une discipline, juste, ferme, énergique, étreigne nos régiments; il faut que la tenue soit régularisée, que le salut soit rigoureusement donné et rendu, que l'insubordination cesse de suite, et que l'ivrognerie, cette lèpre hideuse, disparaisse entièrement de nos rangs.

Le règlement du 2 novembre 1833, sur le service intérieur, n'étant plus applicable à la situation actuelle, nous proposons de le modifier de la manière suivante :

Art. 1er. — Tout soldat rencontré ivre , par son supérieur, sera ramené à la caserne et puni de quinze jours de prison; la première récidive sera punie de trente jours de prison cellulaire ; la deuxième de soixante jours de la même peine.

Art. 2. — Tout soldat qui ne saluera pas son supérieur sera puni : la première fois, de 8 jours de prison simple, la deuxième fois, de 15 jours de prison cellulaire ; la troisième fois, de 60 jours de la même peine.

Art. 3. — L'insubordination sera punie de la prison cellulaire pour 8, 15, 30 et 60 jours, selon le cas de gravité et de récidive.

Art. 4. — Les fautes commises pendant un service armé seront toujours punies de prison cellulaire.

Art. 5. — Tout soldat rencontré en ville dans une tenue débraillée, sera puni de prison simple.

Art. 6. — Tout soldat qui opposera la force d'inertie, afin de se soustraire à l'exécution des ordres de ses supérieurs, sera puni de prison cellulaire.

Art. 7. — Pour fautes moins graves, la salle de police sera appliquée; pour fautes légères, les soldats seront consignés à la caserne ou punis de quelques corvées hors tours.

Art. 8. — Tout soldat dont la feuille de punitions présentera 120 jours de prison cellulaire, sera dirigé sur un régiment d'infanterie légère d'Afrique, sous escorte de la gendarmerie.

Art. 9. — Les jours passés à la prison cellulaire ne compteront pas comme service; ainsi, un soldat ayant subi, par exemple, quatre-vingt-dix jours de prison cellulaire, sera maintenu trois mois de plus sous les drapeaux.

CONCLUSION.

Notre tâche est terminée; nous espérons que nos observations et nos projets seront pris en considération; les réformes que nous proposons nous paraissent justes et surtout nécessaires.

Dans quelques années, la guerre recommencera inévitablement; l'espoir de la France doit donc reposer entièrement sur son armée.

Unissons tous nos efforts, ne nous traînons plus dans les ornières d'un passé routinier; que les représentants du progrès dans nos régiments se fassent connaître, que les officiers qui sont réellement dans les voies de l'avenir se présentent; que toutes leurs idées, leurs projets et leurs travaux soient passés au creuset des commissions.

Notre devise doit être : Patience, justice, discipline, travail, abnégation, amour de la patrie et, surtout, respect de la République.

Dans nos malheurs immérités, portons la tête haute et re-
gardons nos ennemis avec dédain; que ce cri, d'une juste
vengeance, soit toujours sur nos lèvres : Guerre sans merci !
Guerre à mort à l'Allemagne !!

Lyon, le 1er août 1871.

EUGÈNE R.,

Capitaine d'infanterie,

Auteur de la brochure : **Trahison** du maréchal Bazaine.

LYON. — IMPRIMERIE SCHNEIDER FRÈRES, QUAI DE L'HOPITAL, 12.

www.ingramcontent.com/pod-product-compliance
Lightning Source LLC
Chambersburg PA
CBHW051122050726
47594CB00003B/911